# APPEL

## A L'OPINION PUBLIQUE

SUR

## L'INDEMNITÉ DE SAINT - DOMINGUE

ET SUR

## LA COMMISSION DE LIQUIDATION

# APPEL

## A L'OPINION PUBLIQUE

SUR

## L'INDEMNITÉ DE SAINT-DOMINGUE

ET SUR

## LA COMMISSION DE LIQUIDATION.

*Par un grand nombre d'intéressés.*

Strangulat inclusus dolor.

**PARIS.**

**IMPRIMERIE DE SELLIGUE,**
RUE DES JEUNEURS, N° 14.

**1829.**

# APPEL

## A L'OPINION PUBLIQUE

### SUR

## L'INDEMNITÉ DE SAINT-DOMINGUE

### ET SUR

## LA COMMISSION DE LIQUIDATION.

---

Voilà quatre ans que les anciens propriétaires de Saint-Domingue ont été définitivement expropriés *sans une juste et préalable indemnité.*

Il n'a fallu pour cela qu'une ordonnance *contre-signée* par trois ministres, et l'indépendance du gouvernement d'Haïti a été reconnue! Il est vrai que c'est sous la condition du paiement, en cinq termes égaux, de la somme de 150 millions de francs, destinée à dédommager ceux qu'on expropriait.

Ainsi, on a tranché dans leurs intérêts sans leur participation; on a vendu leurs biens, sans les avoir consultés, pour une somme qui n'équivaut pas au dixième de leur valeur; enfin leurs droits ont été sacrifiés à des combinaisons ministérielles, qu'on a colorées des avantages que le commerce allait retirer de cette grande mesure.

En favorisant à ce point les nouveaux posses-
seurs, il eût été sans doute équitable de stipuler
la clause du paiement de leurs dettes particulières ;
on n'y a pas songé! Peut-être dira-t-on que la voie
des tribunaux d'Haïti est ouverte à leurs créanciers! Quel est le téméraire qui oserait s'y présen-
ter? Cette lacune, dans la *sollicitude* de M. de Villèle pour les propriétaires dépossédés, contraste
singulièrement avec les dispositions de la loi, si fa-
vorables à leurs créanciers personnels. Ceux-ci
sont appelés, non seulement à prélever un dixième
sur les lambeaux de l'indemnité, mais encore à
l'exercice du surplus de leurs droits sur les autres biens de leurs débiteurs. On n'a point consi-
déré que de grandes catastrophes ont pu anéantir
tous moyens de libération, et que, par cela même,
beaucoup de dettes sont depuis long-temps éteintes ;
les uns sont traités comme si rien n'eût péri, les
autres ne sauveront presque rien du naufrage.

Il est pénible de penser que cette dernière dis-
position de la loi n'a passé à la chambre des pairs
qu'à la majorité d'une seule voix!

Que de manœuvres ont été employées pour faire
adopter le projet du ministère! Pendant que la matière était en ébullition, tous ceux qui avaient le *mot
d'ordre* de M. de Villèle disaient avec candeur, et
peut-être avec bonne foi, aux intéressés : « Vous
» êtes bien heureux! vous n'aviez plus rien par le
» fait, vous allez être indemnisés ; vous ne le serez

« pas, il est vrai, en comparaison de vos pertes ;
» encore vaut-il mieux cela que rien du tout. »
Tel était le langage des membres de cette majorité
compacte à qui on avait fait la leçon ; ils allaient
répéter leur catéchisme à ceux qui n'avaient pas
la foi ; et ils ont trouvé des échos !

Mais, n'est-ce donc rien que le droit de propriété ? Pouvait-on disposer ainsi des biens des colons, faire leur part sans demander leur consen-
tement, sans établir, d'accord avec eux, le mon-
tant d'une juste indemnité ? Ce n'est pas là du
moins l'avis des publicistes.

Quoi qu'il en soit, les propriétaires dépossédés
se sont soumis avec respect à cette œuvre de la vo-
lonté du Roi ; lorsque l'opération ministérielle a
été ratifiée et sanctionnée, ils ont mis leur confiance dans les résultats annoncés, et n'ont pas
cru devoir douter un seul instant de l'exactitude
des paiemens.

Combien grande a été leur erreur ! D'abord il
n'y a eu qu'un premier cinquième de versé, encore
ne l'a-t-il été qu'au moyen d'un emprunt des quatre
cinquièmes de la somme. Les prêteurs ont eu
aussi confiance dans les productions du génie de
M. de Villèle ; ils disent aujourd'hui, comme les
colons, qu'ils sont trompés ! Ont-ils tort ?

Le gouvernement d'Haïti n'a payé ni ce qui lui
a été avancé pour compléter le premier cinquième
des 150 millions qu'il s'est engagé de verser à des.

époques fixes, ni trois autres cinquièmes dont le dernier est échu le 31 décembre 1828 ; on dit qu'il est dans l'impuissance de se libérer.

Mais, lorsque M. le président du conseil est venu exposer à la chambre les motifs du projet de loi, il a dit « qu'après diverses tentatives qui n'abou-
» tirent à rien pendant long-temps, elles se termi-
» nèrent en 1824 par l'envoi de commissaires
» chargés de faire l'offre d'avantages commerciaux
» et d'une indemnité pour les colons en échange
» de la concession et de l'indépendance du gou-
» vernement d'Haïti » ; il a ajouté « que cet ar-
» rangement était le seul *qui fût offert* par ce gou-
» vernement, le seul dont l'exécution fût possible ;
» et qu'il a eu lieu dans la forme et dans les termes
» publiés aussitôt après sa conclusion. »

Ainsi, d'une part, il est évident qu'on a long-temps négocié ; de l'autre, que les propositions faites ont été acceptées par le gouvernement d'Haïti, et qu'on n'a conclu qu'après s'être assuré de ses moyens et de ses ressources. Et l'on vient aujourd'hui appuyer sa déclaration d'impuissance, protéger son manque de foi pour couvrir la néces-sité de nouvelles négociations ! Un pareil dénoû-ment passe les bornes de la politique ; il ne peut être qu'une déception préparée de longue main.

En effet, la *Gazette de France* avait pris l'initia-tive ; déjà elle avait trouvé un moyen extrême-ment commode pour sortir M. de Villèle d'embarras.

Dans son numéro du 16 décembre 1827, voulant repousser la garantie si justement invoquée par les anciens colons, elle a dit que « la liquidation de
» l'indemnité était tout-à-fait indépendante du mi-
» nistère et étrangère au trésor royal; que c'était
» une affaire directe entre les intéressés et le gou-
» vernement d'Haïti, de qui le roi de France a
» obtenu cette indemnité ».

Certes, une pareille logique ne pouvait trouver place que dans une feuille vendue à un pouvoir *déplorable*; il était réservé aux partisans de M. de Villèle de chercher à ravir aux anciens colons jusqu'à leurs dernières espérances! On ne se joue pas ainsi du malheur.

Voilà donc le feu d'artifice qu'on a tiré pour réjouir les anciens propriétaires de Saint-Domingue! Voyons maintenant le bouquet.

Une commission a été instituée pour la liquidation et la répartition de l'indemnité des 150 millions exigés des habitans actuels de la colonie, dont le paiement a été consenti par leur gouvernement, et qui sont affectés aux anciens colons dépossédés.

On conçoit que les travaux de cette commission supposent des connaissances locales, nécessaires pour bien apprécier les réclamations présentées, pour suppléer aux lacunes qui existent dans la loi et dans l'ordonnance concernant son exécution; car, il faut bien le dire, cette loi et cette ordonnance ne déterminent que le mode des réclamations et des pièces à produire, les formalités à observer par la commission pour opérer les liquidations et quelques documens pour servir de base à ses décisions; du reste, point de règles fixes propres à l'application des principes de l'équité, d'où il suit que la commission est amplement pourvue de tous les moyens d'un arbitraire qui découle de l'exposé des motifs de la loi, et elle en use largement!

Ce n'est pas que par sa composition elle ne doive inspirer le respect et la considération; en effet, les membres dont elle est formée sont, ou de grands dignitaires accablés sous le poids des honneurs, ou de hauts fonctionnaires surchargés de places et de traitemens; mais la plupart ne connaissent Saint-Domingue que par tradition, et il n'en est pas un dont tous les momens ne sont absorbés par d'autres occupations non moins importantes et lucratives.

Etait-il donc indispensable de livrer les travaux de cette liquidation à des pairs de France, à des conseillers d'état, maîtres des requêtes, conseillers à la cour royale? N'aurait-on pas pu trouver les élémens d'une commission parmi des hommes non moins honorables, indépendans, dégagés de tous sentimens de partialité, possédant les connaissances locales, et dont la conscience n'aurait pas été chargée de cumuls?

Les anciens colons en seraient plus avancés, et le trésor aurait eu moins à payer.

Il n'est pas jusqu'au sécretaire en chef de cette commission qui ne sorte du cercle de ses attributions! Il donne son avis sur les demandes présentées, il tranche sur toutes les questions et résout toutes les difficultés; c'est au point qu'on dirait que tout le travail se fait dans ses bureaux, et que c'est là qu'on figure la tenue des séances et les délibérations.

On sait bien que la commission peut statuer sans avoir égard aux avis du sécretaire en chef, mais on ne sait pas pourquoi il est admis à donner des avis, pourquoi ils sont visés dans les décisions et souvent adoptés de préférence aux conclusions du commissaire du roi.

Veut-on des exemples à l'appui de l'omnipuissance de la commission et de l'influence du sécretaire en chef sur ses décisions? On les trouvera dans le mode de liquidation sur des demandes qui présentent deux moyens de l'opérer; on y remarquera que la chance la plus désavantageuse au réclamant sera toujours accueillie par la commission. Impossible de lui faire comprendre que telle propriété acquise douze ou quinze ans auparavant 1789 avait considérablement augmenté en revenus à cette époque fixée par la loi pour base de l'indemnité! Impossible de lui faire admettre à cet égard la notoriété! Sur l'avis du sécretaire en chef, *et à cause des principes par lui émis en pareille matière*, la commission fera rétrograder la valeur, et ne liquidera que d'après le revenu de l'époque de l'acquisition.

Produit-on un acte de vente postérieur aux premiers désastres de la colonie et n'exprimant qu'un prix relatif? La commission écartera cette considération fondée sur tous les principes, qui veulent que l'acquéreur est aux droits du vendeur, et qu'ayant couru le risque de perdre les valeurs par lui données ou la chance de les récupérer avec avantages, il doit être liquidé comme le serait son cédant.

C'est ainsi qu'on jugerait partout ailleurs qu'à la commission d'indemnité de Saint-Domingue, mais M. le sécretaire en chef a agrandi pour elle le cercle de l'arbitraire, et ses avis sont écoutés comme des oracles!

N'est-ce pas là pourtant une sorte d'anomalie qui entache de nullité les décisions de la commission? Il n'y a que les chambres qui peuvent prononcer sur ce point.

Mais quel est donc ce sécretaire en chef? C'est M. Benoist, inspecteur général des finances, un jeune homme qui a, dit-on, un grand mérite, beaucoup de talent et des connaissances très-variées ; elles sont aussi très-*variables* s'il faut en juger par ses avis sur les réclamations *indispensablement* soumises à son crible : ce M. Benoist a tant d'affaires, il s'est créé tant d'occupations, que même les jours d'entrée à la commission, il n'est

visible que *par ordre*, ou d'après une demande
d'audience par écrit.

Cependant ses attributions sont tracées et cir-
conscrites par l'ordonnance royale du 9 mai, concernant l'exécution de la loi du 3o avril ; qui donc
lui a donné la prérogative de faire prévaloir ses
lumières sur celles de M. le commissaire du roi,
ses avis interprétatifs du texte et de l'esprit de la
loi sur les conclusions du fonctionnaire qu'elle a
exclusivement chargé?

On répond à cela que les réclamans qui se
croient lésés ont la faculté de se pourvoir par appel devant les sections qui n'auront pas connu de
leur affaire. A la bonne heure ! mais en seront-ils
mieux traités? Ils ne doivent pas s'y attendre, puis-
qu'en appel comme en première instance on ren-
contre toujours l'inévitable secrétaire en chef,
dont les avis paraissent avoir fixé la jurisprudence
de la commission.

Il n'est pourtant pas impossible d'obtenir des
rectifications, mais elles ne porteront que sur des
accessoires ou sur de légères erreurs ; quant au fond
et sur les demandes principales, l'expérience a déjà
prouvé que l'opinion d'une section est d'un grand
poids sur les deux autres.

Telle a été aussi celle de l'honorable rapporteur à
la chambre des députés, en parlant de la faculté de
ce recours : « La crainte, a-t-il dit, que le peu de
» fondement d'un appel ne soit promptement dé-

» montré, en préviendra beaucoup. » Ne semble-t-il pas qu'il avait prévu toutes les objections sur l'arbitraire créé par la loi dont il a exposé les motifs ?

La voie de l'appel est donc une pure dérision.

Moins favorisés que les émigrés qui peuvent se pourvoir au conseil d'état, les anciens colons de Saint-Domingue sont concentrés dans un tribunal d'exception où le greffier a plus d'influence que le ministère public.

En définitive, quel sera leur sort? Après avoir accepté ce qui a été fait pour eux et sans eux, seront-ils encore long-temps traînés de déception en déception? Le gouvernement peut bien, sans doute, accorder de nouveaux délais pour l'exécution du traité qu'il a conclu avec la république d'Haïti; mais ces négociations lui deviennent personnelles, il n'est pas moins garant envers les colons du paiement intégral de la somme pour laquelle il a vendu leurs biens.

Si cette garantie n'était pas dans la pensée de M. de Villèle, si elle n'entre pas non plus dans le répertoire des idées de son successeur, elle est écrite dans le droit commun qui ne peut être déchiré au détriment de ceux qu'on a expropriés.

Jusqu'à présent, l'expectative la plus réelle pour eux est établie sur le premier cinquième qui a été versé; mais indépendamment de ce qu'elle se rapproche ou s'éloigne selon les travaux de la commission, ignore-t-on que ce premier cinquième est dévoré en partie par suite des contestations qui s'élèvent entre les créanciers et leurs débiteurs? Ceux-ci trouveront à peine dans les miettes de la répartition de quoi payer leurs frais de transport à l'hôpital.

Et déjà ne s'éteignent-ils pas dans les angoisses de la misère et du désespoir!

Cependant un moyen d'adoucir ce qui leur reste d'existence s'est offert à leur douloureuse pensée : une proposition a été faite au ministre des finances de venir au secours de ceux d'entre eux qui étaient résidens à Saint-Domingue à l'époque de l'insurrection, qui ont passé l'âge de 60 ans, et dont les besoins urgens ne peuvent être ajournés jusqu'au paiement définitif de l'indemnité soumise aux lenteurs interminables des liquidations (1).

---

(1) On a plusieurs fois changé l'ordre du travail. D'abord on procédait par ancienneté de numéro d'enregistrement; ensuite on a adopté le mode de liquidation par paroisse, en sorte que ce qui était au commencement à pu être classé à la fin ; de là des retards qui ont donné lieu à des plaintes. Mais la commission a sans doute agi dans de bonnes intentions ; d'ailleurs elle a le droit de diriger, comme elle l'entend, le travail de ses bureaux. On répand le bruit que, d'après de nouveaux ordres, les liquidations vont s'opérer plus promptement, et que pour peu que les demandes soient appuyées de quelques pièces, la commission devra prononcer. S'il est ainsi, n'est-il pas à craindre que trop de précipitation ne produise encore trop de rognures? Jusqu'à présent on n'a point péché par des excès contraires.

Une telle demande est incontestablement du domaine de l'humanité ; elle blesse d'autant moins l'esprit fiscal, qu'elle indique la retenue à faire de ce secours mensuel, sur ce qui sera liquidé en faveur de quelques vieillards, et subsidiairement sur le million accordé aux réfugiés.

Croira-t-on que cette demande si juste, si raisonnable, n'a pas même eu, depuis deux mois, les honneurs d'une réponse ? Elle est restée dans les cartons du ministère comme dans un tombeau que couvrent les ombres de la mort !

Et c'est ainsi qu'on abreuve de dégoûts et d'humiliations des Français autrefois si riches, si généreux, si hospitaliers, aujourd'hui si pauvres et si malheureux !

Les hommes du pouvoir non seulement s'inquiètent peu de leur avenir, ils les accablent encore de dédains et leur font boire le calice d'amertume jusqu'à la lie.

Quel sera donc leur refuge ? aux pieds du trône ! Ils n'ont plus d'espoir que dans le cœur paternel du Roi et dans sa justice. Son noble caractère mettra un terme à d'aussi grandes infortunes. Les anciens colons de Saint-Domingue ne peuvent être plus long-temps trompés et frustrés.